Wie viele Elefanten wiegt ein Wal?

Jinny Johnson

Vergleiche und staune!

Illustrationen von Michael Woods
und Tudor Humphries

XENOS

ISBN 3-8212-1995-5

Am Hehsel 40, 22339 Hamburg
Übersetzung: Wiebke Krabbe
Lektorat: Ute Dissmann
Einbandgestaltung: Traute Frost
unter Verwendung einer Illustration von Michael Woods
Satz: KCS GmbH, Buchholz/Hamburg
A Marshall Edition
Conceived, edited and designed by Marshall Editions Ltd
170 Piccadilly, London W1V 9DD

Printed and bound in Portugal

Inhalt

Fragen und Antworten über

Welches sind die größten Insekten?

Das längste aller Insekten ist eine Stabheuschrecken-Art, die in den heißen Urwäldern Südostasiens zu Hause ist. Andere sehr große Insekten sind die im südamerikanischen Dschungel lebenden Riesen- und Nashornkäfer. Zu ihnen gehört der Herkuleskäfer, der bis zu 19 Zentimeter lang werden kann – etwa so lang wie eine Banane.

Wusstest du, dass die längste Stabheuschrecken-Art 35 Zentimeter lang werden kann?

Mit ihrem langen, schlanken Körper sieht die Stabheuschrecke wie ein dünner Zweig aus. Wenn sie auf einem Baum sitzt, ist sie gut getarnt und sicher vor hungrigen Vögeln und anderen Tieren.

Die längste Stabheuschrecke ist fast so lang wie der Arm eines Kindes. Kannst du das Kind und die Stabheuschrecke auf dem Bild finden?

Männliche Herkuleskäfer haben am Kopf Hörner, die noch einmal so lang sind wie ihr Körper. Sie benutzen sie als Waffen, wenn sie mit anderen Käfermännchen kämpfen.

Wie groß ist der größte Schmetterling?

Zu den größten Schmetterlingen gehören die Vogelflügler, die die Urwälder Papua-Neuguineas bewohnen. Der größte von allen ist der Alexandras Vogelflügler. Er kann, wenn er die Flügel ganz ausbreitet, eine Spannweite von bis zu 28 Zentimetern haben. Das Männchen ist kleiner, aber farbenprächtiger als das Weibchen.

Einige kleine Schmetterlingsarten wie die vielen verschiedenen Bläulinge sind weniger als zwei Zentimeter groß. Manche Motten sind sogar so winzig, dass mehrere von ihnen auf deinem Fingernagel Platz hätten.

Der Alexandras Vogelflügler ist viel größer als der rote Admiralsfalter und andere bekannte Schmetterlinge. Kannst du die acht Admiralsfalter finden, die sich hier versteckt haben?

Vogelflügler leben in den hohen Bäumen des Urwaldes. Sie ernähren sich von Nektar, einer zuckrigen Flüssigkeit, die sie in Blüten finden. Heute sind diese Schmetterlinge sehr selten geworden, darum ist es verboten, sie zu fangen.

Wusstest du, dass ein Alexandras Vogelflügler so groß werden kann?

Ein roter Admiralsfalter hat eine Flügelspannweite von etwa fünf Zentimetern.

Welches ist die größte Spinne?

Der Gigant unter den Spinnen ist die weibliche Riesen-Vogelspinne. Ihr behaarter Körper wird mehr als 10 Zentimeter lang und wenn sie die Beine ausstreckt, misst sie von einer Seite zur anderen 26 Zentimeter. Das Männchen ist etwas kleiner. Diese Spinnen leben in den Urwäldern Südamerikas. Am Tag verstecken sie sich unter Blättern und Steinen, in der Nacht gehen sie auf die Jagd.

Eine Vogelspinne ist größer als ein kleiner Vogel wie der Zaunkönig. Ein Zaunkönig ist etwa 10 Zentimeter lang.

Trotz ihres Namens ernähren sich Vogelspinnen hauptsächlich von kleinen Schlangen, Eidechsen und Fröschen. Vögel fangen sie nur selten.

Wusstest du, dass eine Riesen-Vogelspinne so groß ist?

Die Riesen-Vogelspinne wiegt etwa 100 Gramm. Das ist so viel wie ein kleiner Apfel.

Die Hausspinnen, die wir in Europa und Nordamerika kennen, werden etwa zwei Zentimeter lang. Verglichen mit einer Vogelspinne sind sie winzig.

Welches ist der größte Vogel?

Der Strauß ist der größte Vogel der Erde. Er wird über zweieinhalb Meter hoch, also viel größer als ein erwachsener Mensch. Ein Strauß kann mehr als 150 Kilogramm wiegen. Das Auge eines Straußes ist größer als ein ganzer Hummelkolibri, der der kleinste Vogel der Welt ist.

Ein männlicher Hummelkolibri wird kaum länger als fünf Zentimeter. Kannst du ihn im Auge des Strauß' entdecken?

Ein Strauß hat zwar Flügel, aber er kann nicht fliegen. Sein großer Körper ist zu schwer, um sich in die Luft heben zu können. Dafür ist der Strauß ein schneller Läufer. Er kann bis zu 70 Kilometer in der Stunde schnell rennen – schneller als jeder andere Vogel.

Kein Tier legt größere Eier als der weibliche Strauß. Ein Straußenei kann mehr als 1,5 Kilogramm wiegen.

Ein Straußenei ist bis zu 16 Zentimeter lang. Ein Hühnerei ist viel kleiner, es ist etwa 6 Zentimeter lang.

Wusstest du, dass ein Straußenei so groß ist?

Die kleinsten Eier legen die Hummelkolibris. Sie sind nur einen Zentimeter lang.

Welcher Vogel hat die größten Flügel?

Der Wanderalbatros hat längere Flügel als alle anderen Vögel. Wenn sie ganz ausgebreitet sind, haben sie eine Spannweite von dreieinhalb Metern. Mit ihren großen Flügeln schweben Wanderalbatrosse viele Stunden lang über den südlichen Ozeanen und suchen nach Nahrung.

Drei fünfjährige Kinder sind in dem Wanderalbatros versteckt. Wenn du sie findest, kannst du dir die Größe dieses Vogels besser vorstellen.

Wusstest du, dass der Wanderalbatros mit seinen mächtigen Flügeln bis zu 500 Kilometer am Tag fliegen kann?

Fische und Tintenfische sind die Hauptnahrung des Wanderalbatroses. Der große Vogel stürzt sich auf die Wellen hinab, um seine Beute zu packen. Er folgt auch Schiffen und fischt Essensreste, die über Bord geworfen werden, aus dem Wasser.

Der Wanderalbatros verbringt fast sein gesamtes Leben in der Luft. Nur wenn er nistet und seine Jungen aufzieht, kommt er an Land.

Eine Ringeltaube hat eine Spannweite von etwa 60 Zentimetern. Aber neben dem Wanderalbatros sieht sie klein aus.

Welcher Vogel baut das größte Nest?

Weißkopf-Seedadler bauen riesige Nester. Das größte Nest, das je gefunden wurde, war mehr als zweieinhalb Meter breit und sechs Meter hoch. Der gewaltige Greifvogel baut seinen Horst aus Ästen und Zweigen. Dann polstert er ihn mit Gras weich aus.

Seeadler fangen Fische, aber sie fressen auch Vögel und kleine Säugetiere. Zuerst kreisen sie in der Luft, bis sie einen Fisch im Wasser entdeckt haben. Dann stoßen sie herab und schnappen sich die Beute mit ihren starken Krallen.

Beide Seeadler-Eltern haben viel zu tun, um Nahrung für ihre hungrigen Jungen herbeizuschaffen.

Kannst du dir vorstellen, dass eine Giraffe in das größte Seeadlernest gepasst hätte?

Seeadler leben nicht während des ganzen Jahres in ihrem Horst. Sie benutzen ihn als sicheren Platz, um Eier zu legen und ihre Jungen aufzuziehen. Viele Seeadlerpaare kehren jedes Jahr zu ihrem Nest zurück. Dann verstärken sie es mit neuen Ästen und Zweigen.

Das kleinste Nest der Welt baut der Hummelkolibri. Es ist nur etwa zweieinhalb Zentimeter groß, etwa so groß wie auf der Abbildung.

Wie groß ist der größte Fisch?

Der größte Fisch der Welt ist der Walhai. Der längste Walhai, der je gesehen wurde, war mehr als 15 Meter lang und wog wahrscheinlich über 15 Tonnen – mehr als drei Elefanten.
Der Weiße Hai ist viel kleiner als der Walhai, aber er ist der größte der gefährlichen Raubhaie.

Wusstest du, dass der größte Wahlhai länger

Walhaie leben überall auf der Erde in wärmeren Gewässern. Meist schwimmen sie dicht unter der Wasseroberfläche. Manchmal rammen Walhaie bei der Futtersuche Boote.

Im Gegensatz zu den meisten anderen Haien ist der Walhai kein gefährlicher Jäger. Seine Nahrung sind kleine Fische. Er öffnet das Maul weit, so dass Fische, Garnelen und Seewasser hineinströmen. Dann schließt er das Maul und das Seewasser strömt aus Öffnungen an den Seiten seines Kopfes wieder heraus. Die Nahrung bleibt in seinem Maul zurück.

als sieben Taucher hintereinander ist?

Der größte Weiße Hai, der je gesehen wurde, war sechseinhalb Meter lang – das ist halb so lang wie ein Walhai. Meist werden Weiße Haie nicht länger als fünf Meter.

Welches ist die längste Schlange?

Die längste Schlange der Welt ist der Netzpython. Meist werden Pythons etwa sechs Meter lang, aber es gibt einzelne Tiere mit fast zehn Metern Länge – das ist fast so viel wie die Länge von drei Autos hintereinander. Der Python ist keine Giftschlange. Er tötet seine Beute, indem er seinen starken Körper um das Tier wickelt und es erwürgt.

Am Tag ruht sich der Netzpython aus. Erst in der Dunkelheit geht er auf die Jagd.

Pythonschlangen schlucken ihre Nahrung unzerkaut. Hat ein Python eine große Beute wie eine Antilope verschlungen, braucht er mehrere Wochen lang nicht zu jagen.

Wusstest du, dass der Körper eines Netzpythons mehr als 75 Zentimeter dick werden kann?

Wenn du das Auto im Bild findest, kannst du dir leichter vorstellen, wie groß ein Python ist.

Wie groß ist die größte Katze?

Der Tiger ist die größte aller Katzen. Von der Nase bis zur Schwanzspitze misst ein Tiger mehr als drei Meter. Nicht alle Tiger leben im heißen Urwald. Die größte Tigerart ist im eisigen Sibirien in Russland zu Hause.

Junge Tiger bleiben mehrere Jahre lang bei ihrer Mutter. In dieser Zeit lernen sie, wie sie jagen und für sich selbst sorgen müssen.

Ein Tiger schleicht sich auf die gleiche Weise an Rehe und Wildschweine an wie eine Hauskatze an Vögel. Wenn er so nahe wie möglich gekommen ist, stürzt er sich mit einem großen Sprung auf seine Beute.

Wusstest du, dass ein Sibirischer Tiger mehr als 250 Kilogramm wiegen kann? Das ist so viel wie 65 Hauskatzen wiegen.

Die Streifen eines Tigers dienen ihm als Tarnung, wenn er zwischen Gräsern und Zweigen auf Pirsch geht.

Wie groß ist eine Giraffe?

Die Giraffe ist das höchste aller Landtiere. Eine männliche Giraffe kann von den Hufen bis zu den Hörnern sechs Meter hoch werden.
Weil Giraffen so groß sind, können sie die zarten Blätter in den Baumwipfeln fressen, die andere Tiere nicht erreichen. Giraffen zupfen Blätter, Knospen und Früchte mit ihren Lippen und ihrer Zunge von den Zweigen ab. Die Zunge einer Giraffe ist 40 Zentimeter lang – das ist fast so lang wie der Arm eines Erwachsenen.

Giraffen haben sehr scharfe Augen. So entdecken sie Löwen und andere Feinde frühzeitig. Wenn sie sich verteidigen müssen, schlagen sie mit ihren großen Hufen aus.

Wusstest du, dass der Hals einer Giraffe mehr als zwei Meter lang werden kann?

In der Fellzeichnung gleicht keine Giraffe der anderen. Jede Giraffe hat ein etwas anderes Muster.

Eine ausgewachsene Giraffe kann so hoch wie vier Jugendliche sein, die einander auf den Schultern stehen. Kannst du die vier versteckten Kinder finden?

Wie groß ist ein Elefant?

Der afrikanische Elefant ist das größte Landtier, das heute auf der Erde lebt. Ein Stoßzahn allein ist so schwer wie ein Erwachsener. Ein männlicher Elefant wird bis zu fünf Tonnen schwer. Weibliche Elefanten sind leichter, sie wiegen etwa die Hälfte.

Ein Elefant frisst Blätter, Zweige, Früchte, Wurzeln und Gras. Er braucht jeden Tag ungefähr 180 Kilogramm Futter. Das ist so viel wie 1.200 Äpfel.

Obwohl sie so groß sind, sind Elefanten sehr friedliche Tiere. Muttertiere und Junge leben in großen Herden zusammen.

Wusstest du, dass ein Elefant so viel wiegt wie 35 Schweine?

Anstelle einer Nase hat der Elefant einen Rüssel. Er benutzt den Rüssel für viele Dinge: zum Riechen, zum Trinken, zum Rupfen von Nahrung und zum Streicheln der Jungen.

Wie groß ist ein Wal?

Der Blauwal ist das größte Lebewesen, das es auf der Erde gibt. Ein ausgewachsener Blauwal ist ungefähr 30 Meter lang. Allein seine Zunge ist schwerer als ein Elefant. Obwohl Blauwale so riesig sind, ernähren sie sich nur von winzigen Meerestierchen, dem Krill. Ein einziger Blauwal frisst am Tag etwa vier Millionen dieser kleinen Garnelen.

Ein junger Blauwal ist größer als jedes andere Jungtier. Ein neugeborener Blauwal ist sieben bis acht Meter lang – so lang wie zwei Autos. Er trinkt mehr als 500 Liter Milch am Tag.

Kein Tier der Welt kann so laute Geräusche von sich geben wie der Blauwal. Sein Pfeifen ist lauter als das Dröhnen eines Düsenflugzeuges.

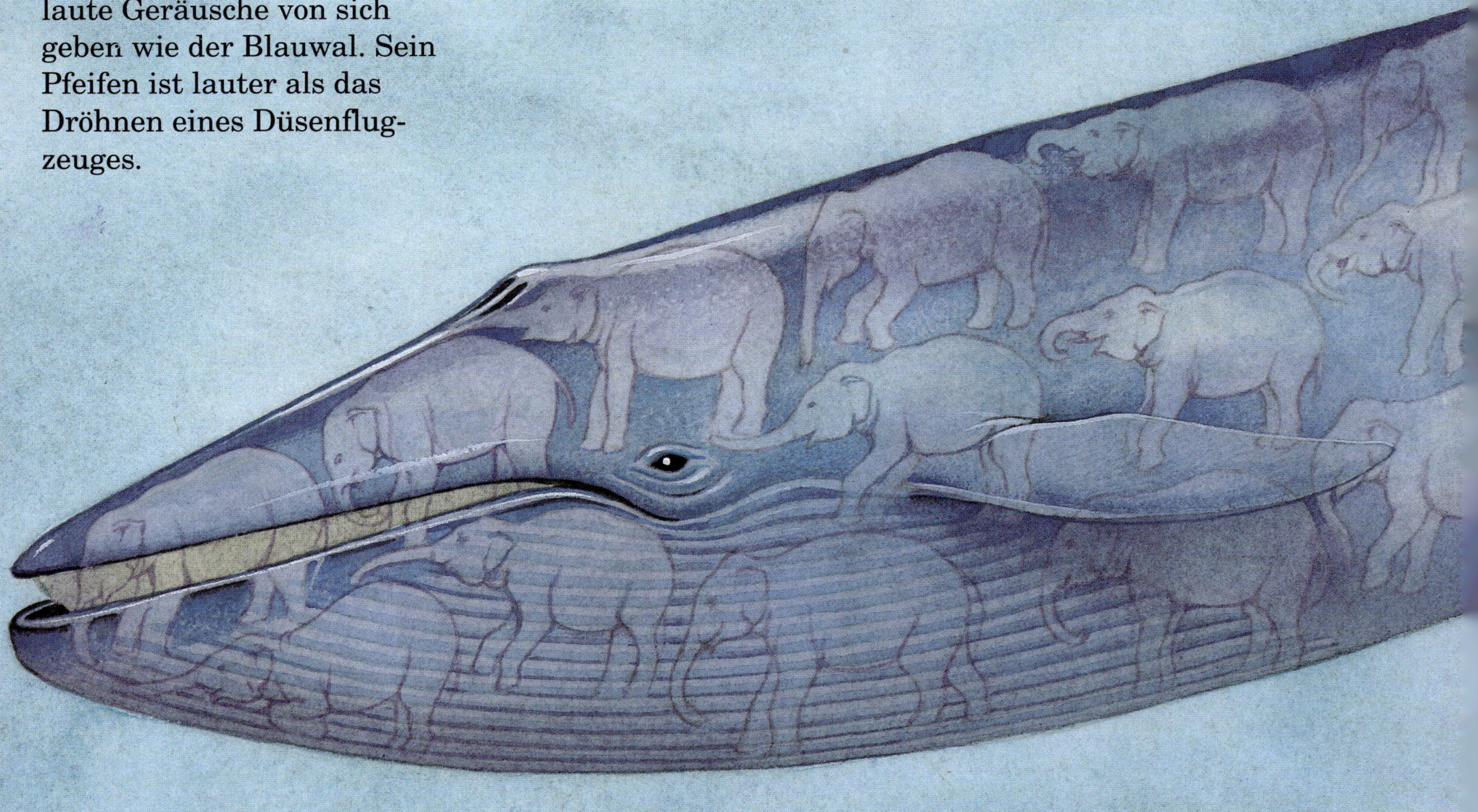

Obwohl der Blauwal im Meer lebt und wie ein Fisch aussieht, ist er ein Säugetier wie die Menschen, die Katzen oder die Affen. Darum braucht er Luft zum Atmen. Der Blauwal kann eine halbe Stunde lang unter Wasser bleiben, aber dann muss er auftauchen, um Luft zu holen.

Wusstest du, dass ein Blauwal so schwer wie 30 Elefanten ist?

Delfine und Tümmler gehören auch zur Familie der Wale. Der kleinste, der zu den Schwarzweißdelfinen gehörende Commerson-Delfin, wird nur bis zu 130 Zentimetern lang. Allein die Schwanzflosse eines Wals ist doppelt so groß.

Wie schnell kann ein Rennpferd laufen?

Die besten Rennpferde sind mehr als 60 Kilometer in der Stunde schnell. Ein Auto darf in der Stadt nur 50 Kilometer in der Stunde fahren. Das schnellste bekannte Rennpferd erreichte 69 Kilometer in der Stunde in einem Rennen über 400 Meter. Die meisten Rennpferde gehören zu einer Rasse, die Vollblüter genannt wird. Das sind schlanke Pferde mit starken, langen Beinen.

Kurzstreckenläufer bei den olympischen Spielen laufen etwa 35 Kilometer in der Stunde. 100 Meter – das ist etwa die Länge eines Fußballfeldes – legen sie in weniger als 10 Sekunden zurück.

Windhunde sind viel schneller als Menschen. Der schnellste Windhund lief in einem Rennen 60 Kilometer in der Stunde.

Wusstest du, dass ein Hase schneller laufen kann als ein Rennpferd?

All diese Läufer sind Sprinter oder Kurzstreckenläufer. Das bedeutet, dass sie solche hohen Geschwindigkeiten nur kurze Zeit durchhalten können.

Ein Hase kann bis zu 72 Kilometer in der Stunde schnell laufen. So kann er sich vor Füchsen und anderen Feinden retten.

Wie schnell läuft ein Gepard?

Geparden sind schneller als alle anderen Tiere. Sie können bis zu 100 Kilometer in der Stunde schnell laufen – das ist auch für ein Auto schon eine hohe Geschwindigkeit. Siehst du das Auto, das im Sand versteckt ist?
Der Gepard ist ein Sprinter. Er kann ein so hohes Tempo kaum länger als eine Minute durchhalten.

Wusstest du, dass ein Gepard so schnell laufen kann wie ein Auto fährt?

Der Gepard braucht sein hohes Lauftempo bei der Jagd nach Gazellen, Kaninchen und jungen Straußen. Er schleicht sich so nahe wie möglich an seine Beute an, dann spurtet er los, um sie zu reißen.

Die Gabelantilope ist nicht so schnell wie ein Gepard, aber dafür kann sie ein Tempo von 60 Kilometern in der Stunde bis zu zehn Minuten durchhalten. Selbst eine junge Gabelantilope kann leicht ein Pferd abhängen.
Gabelantilopen leben in Nordamerika, Geparden sind in Afrika zu Hause. Die beiden Tierarten können sich in der Natur also nicht begegnen.

Gabelantilopen laufen, um ihren Feinden wie Berglöwen und Wölfen zu entkommen.

Wie langsam ist ein Faultier?

Das Faultier ist eines der langsamsten Landtiere. Es lebt in den Urwäldern Südamerikas. Dort hängt es mit dem Rücken nach unten in Bäumen. Von Zeit zu Zeit zieht es sich ein Stück an seinem Ast voran, um Ausschau nach neuen Blättern zum Fressen zu halten.

Die Riesenschildkröte braucht etwa eine Minute, um sechs Meter weit zu kriechen. Ein Kind kann diese Strecke in wenigen Sekunden gehen. Kannst du die Kinder im Bild entdecken?

Wusstest du, dass ein Faultier in einem Baum weniger als fünf Meter in der Minute zurücklegt?

Einmal in der Woche klettert das Faultier auf den Boden herab. Dort bewegt es sich noch langsamer als in den Bäumen. Es schafft etwa zwei Meter in der Minute.

Die Gartenschnecke ist noch langsamer als das Faultier und die Riesenschildkröte. Sie braucht etwa eine Stunde, um 15 Meter weit zu kriechen – das ist etwa die doppelte Breite eines Tennisplatzes.

Wie weit kann ein Känguru springen?

Kängurus sind großartige Springer. Mit ihren starken Hinterbeinen machen sie gewaltige Sätze und erreichen dabei Geschwindigkeiten von bis zu 40 Kilometern in der Stunde. Kängurus sind in Australien zu Hause, die meisten von ihnen leben in den Wüstengebieten. Manchmal müssen sie bis zu einem Wasserloch 30 Kilometer zurücklegen, darum ist es wichtig, dass sie schnell sind.
Der Springbock, der auch sehr gut springen kann, ist eine Gazellenart. Wird er von einem Löwen oder einem anderen Raubtier bedroht, springt er hoch in die Luft.

Das Rote Riesenkänguru kann am weitesten springen. Man hat schon Sprünge von mehr als 12 Metern Weite gemessen. Das ist mehr als neun Kinder, die hintereinander auf dem Boden liegen. Kannst du die Kinder im Sand entdecken?

Wusstest du, dass ein Känguru weiter als 12 Meter springen kann?

Ein Graues Riesenkänguru kann zweieinhalb Meter hoch springen. So hoch sind zwei siebenjährige Kinder, wenn eins auf den Schultern des anderen steht. Siehst du die Kinder im Busch?

Ein Springbock kann höher als zwei Meter in die Luft springen. So macht er auf sich aufmerksam und warnt die anderen Tiere der Herde, wenn Gefahr droht.

Wie schnell können Spinnen und Insekten krabbeln?

Obwohl Insekten sehr klein sind, können sich manche von ihnen erstaunlich schnell bewegen. Kakerlaken gehören zu den schnellsten Flitzern. Sie haben Flügel, aber sie benutzen sie nur selten. Meist huschen sie auf ihren langen Beinen umher.

Einige Arten von Kakerlaken können bis zu vier Kilometer in der Stunde schnell laufen.

Die Sandspinne ist ein Verwandter der Spinnen und Skorpione. Manchmal werden diese Tiere auch Windskorpione genannt, weil sie so schnell wie der Wind laufen. Sie sind in heißen, trockenen Gegenden zu Hause und ernähren sich von Insekten und anderen kleinen Lebewesen.

Kakerlaken verstecken sich tagsüber. In der Dunkelheit kommen sie hervor und machen sich auf Nahrungssuche. Kakerlaken fressen fast alles – sogar Papier.

Sandspinnen können schneller als 16 Kilometer in der Stunde laufen. Bist du auf Rollschuhen auch so schnell?

Hättest du gedacht, dass eine Sandspinne schneller laufen kann als du?

Wie weit können Insekten springen?

Einer der Meisterspringer unter den Insekten ist der Schnellkäfer. Er kann sich aus der Rückenlage bis zu 30 Zentimeter hoch in die Luft schnellen, mehr als das 25fache seiner eigenen Länge. Mit solchen hohen Sprüngen entkommt er seinen Feinden.

Der Schnellkäfer ist nur einen Zentimeter lang. Wenn er in die Luft springt, bringt er dabei im Verhältnis zu seiner Größe mehr Kraft auf als ein Raumschiff beim Start.

Wenn der Schnellkäfer in die Luft springt, macht er dabei ein klickendes Geräusch. Deswegen wird er auch „Klickkäfer“ genannt.

Der winzige Floh ist ein anderer Rekordhalter. Er kann 150mal so weit springen wie er selbst groß ist. Wenn ein Mensch so gut springen könnte, würde ein einziger Satz ausreichen, um vom Erdboden auf das Dach eines Wolkenkratzers zu gelangen.

Wusstest du, dass ein Floh 20 Zentimeter weit springen kann?

Flöhe leben im Fell von Tieren, z. B. von Katzen. Sie sind nur wenige Millimeter lang. Hier siehst du einen Floh, der mit der Lupe vergrößert wurde.

Wie schnell kann eine Schlange kriechen?

Obwohl Schlangen keine Beine haben, können sie sich sehr flink bewegen. Die Schwarze Mamba, die in Afrika zu Hause ist, kriecht mit einer Geschwindigkeit von 10 Kilometern in der Stunde über den Boden und durchs Geäst. Über kurze Strecken kann sie sogar mit einem Tempo von 20 Kilometern in der Stunde schnell voranschießen.

Wusstest du, dass die schwarze Mamba die schnellste Schlange der Erde ist?

Die Sandviper ist eine Wüstenschlange. Sie bewegt sich mit seitwärts schlängelnden Bewegungen auf dem heißen Sand vorwärts und hinterlässt dabei eine Abfolge von Abdrücken. Sandvipern können bis zu 6 Kilometer in der Stunde schnell kriechen.

Die schnellste Eidechsenart ist der Streifen-Basilisk. Das lange, schlanke Reptil mit den sechs Streifen auf dem Rücken ist bis zu 28 Kilometer in der Stunde schnell – schneller als die schnellste Schlange. Es ist ein Jäger, der sich von Insekten, Spinnen und Skorpionen ernährt.

Der Streifen-Basilisk und die Schwarze Mamba bewegen sich fast so schnell voran wie eine Hauskatze. Kannst du die Katze im Sand entdecken?

Eine Schwarze Mamba wird etwa vier Meter lang – mehr als doppelt so viel wie ein erwachsener Mensch. Sie ernährt sich von Vögeln, Eidechsen, Mäusen und anderen kleinen Lebewesen, die sie mit ihren Giftzähnen tötet.

Seine Schnelligkeit ist dem Basilisken nützlich, wenn Gefahr droht. Wie ein Pfeil verschwindet er dann im Schutz eines Steines oder in einem Erdloch.

Welches ist das schnellste Tier des Wassers?

Wasser ist viel dicker als Luft, darum müssen Wasserbewohner sich mehr anstrengen, um voranzukommen. Unterschiedlich geformte Flossen helfen ihnen bei der Fortbewegung. Es ist schwer, die Geschwindigkeit von Wassertieren zu messen. Man vermutet, dass der Segelfisch der schnellste Schwimmer ist.

Eselspinguine sind die schnellsten schwimmenden Vögel. Über kurze Strecken können sie Geschwindigkeiten bis zu 27 Kilometer in der Stunde erreichen.

Die Lederschildkröte ist die größte und schnellste aller Wasserschildkröten. Sie kann eine Spitzengeschwindigkeit von 35 Kilometern in der Stunde erreichen.

Der kalifornische Seelöwe kann schneller schwimmen als alle anderen Seehund-Arten. Über kurze Strecken ist er bis zu 40 Kilometer in der Stunde schnell.

Der Segelfisch kann vermutlich etwa 100 Kilometer in der Stunde schnell schwimmen. Die meisten U-Boote bewegen sich mit etwa 65 Kilometern in der Stunde vorwärts. Kannst du das U-Boot im Wasser finden?

Wusstest du, dass ein Segelfisch schneller schwimmen kann als ein U-Boot?

Welcher Wal schwimmt am schnellsten?

Alle Wale und Delfine haben stromlinienförmige Körper. So können sie sich im Wasser schnell vorwärts bewegen. Das schnellste Meeressäugetier ist wahrscheinlich der Orka oder Mörderwal. Für kurze Zeit kann er Geschwindigkeiten bis zu 55 Kilometern in der Stunde erreichen. Wenn er nicht jagt, schwimmt er mit etwa 16 Kilometern in der Stunde durchs Wasser.

Ein Wal ist kein Fisch, sondern ein Säugetier wie Hunde und Menschen. Fische bewegen sich vorwärts, indem sie ihre Schwanzflosse von links nach rechts bewegen. Wale bewegen die Schwanzflosse auf und ab.

Tintenfische schwimmen ganz anders als alle anderen Meerestiere. Sie pumpen ihren Körper voll Wasser und stoßen es mit einem Ruck wieder aus. So erreichen sie Geschwindigkeiten bis zu 32 Kilometern in der Stunde.

Orkas gehören zu den gefährlichsten Räubern der Meere. Weil sie so schnell sind, können sie Fische, Tintenfische, Seehunde und Pinguine jagen. Orkas leben und jagen in großen Gruppen, die aus mehreren Familien bestehen. Solche Gruppen nennt man auch Schulen. Ein erwachsener Orka kann bis zu 10 Meter lang werden – länger als zwei Autos.

Wusstest du, dass ein Wal so schnell wie ein Windsurfer durch das Wasser gleiten kann?

Auf diesem Bild siehst du einen Wal von unten. Findest du auch den Windsurfer, der über die Wasseroberfläche segelt?

Wie schnell können Vögel fliegen?

Zu den schnellsten Vögeln gehören Enten und Gänse wie die bekannte Eiderente, die Höckergans und der Mittelsäger. Sie alle fliegen mit Durchschnittsgeschwindigkeiten von etwa 65 Kilometern in der Stunde. Für kurze Zeit können sie Spitzengeschwindigkeiten von bis zu 100 Kilometer in der Stunde erreichen.

Auch Brieftauben sind schnelle Flieger. Sie können 70 bis 80 Kilometer in der Stunde schnell sein.

Der allerschnellste Vogel ist der Wanderfalke. Er jagt andere Vögel, um sie zu fressen. Dazu schießt er pfeilschnell in die Tiefe und packt seine Beute mit den Krallen. Es sind schon Sturzflüge mit einer Geschwindigkeit von 180 Kilometern in der Stunde beobachtet worden. Im Durchschnitt fliegt der Wanderfalke mit 95 Kilometern in der Stunde.

Wusstest du, dass ein Wanderfalke mit 180 Kilometern in der Stunde durch die Luft stürzen kann?

Mittelsäger

Viele Enten und Gänse sind schnelle und ausdauernde Flieger. Jedes Jahr legen sie auf den Flügen zwischen Winter- und Sommerquartier Hunderte von Kilometern zurück.

Wenn ein Wanderfalke mit Höchstgeschwindigkeit fliegt, ist er so schnell wie ein kleines Flugzeug. Kannst du das Flugzeug im Bild entdecken?

Wie schnell kann ein Vogel laufen?

Der Strauß kann nicht fliegen, er ist zu schwer. Mit seinen langen Beinen und den starken Füßen kann er aber durchschnittlich 70 Kilometer in der Stunde schnell laufen und sogar Höchstgeschwindigkeiten von 95 Kilometern in der Stunde erreichen.

Hühner fliegen nur selten, obwohl sie Flügel haben. Sie sind auch keine schnellen Läufer. Mit trippelnden Schritten kommen sie nur wenige Kilometer in der Stunde vorwärts.

Der Erdkuckuck kann zwar fliegen, meist läuft er aber lieber. Dieser Rennkuckuck erreicht dabei Geschwindigkeiten von bis zu 20 Kilometern in der Stunde. So schnell können nur wenige Menschen laufen.

Für den Strauß ist es wichtig, dass er schnell laufen kann. So entkommt er Löwen und anderen Raubtieren. Der Vogel Strauß ist ein Pflanzenfresser. Da er in den trockenen Steppengebieten im südlichen Afrika zu Hause ist, muss er oft lange Strecken zurücklegen, um Nahrung zu finden.

Wusstest du, dass ein Vogel Strauß schneller laufen kann als jeder andere Vogel?

Wenn ein Vogel Strauß mit Höchstgeschwindigkeit läuft, kann er einen Radrennfahrer überholen.

Welches Tier gewinnt das Rennen?

In einem Wettbewerb zwischen all den Rekordbrechern dieses Buches wäre der Gepard der Sieger auf dem Land, der Segelfisch im Wasser und der Wanderfalke in der Luft. Sie alle hängen uns Menschen ab.

Wer hätte gedacht, dass ein Vogel Strauß so schnell wie ein Rennpferd laufen kann? Schau dir die Tiere an Land an, du wirst sicher noch andere Überraschungen finden.

Vögel haben in der Luft keine Rivalen. Der schnellste Vogel könnte ein kleines Flugzeug einholen.

Ein Mensch könnte in einem Schwimmwettkampf mit diesen Wassertieren nicht mithalten. Selbst ein Rekordschwimmer erreicht auf kurzer Strecke selten mehr als acht oder neun Kilometer in der Stunde.

Fragen und Antworten über die Sinne der Tiere

Steinadler

WELCHER VOGEL HAT DIE SCHÄRFSTEN AUGEN?

Die meisten Vögel können gut sehen. Raubvögel wie z. B. Adler haben jedoch eine besonders gute Sehschärfe. Das ist wichtig für ihre Nahrungssuche. Wenn Raubvögel hoch am Himmel kreisen, müssen sie kleine Beutetiere auf der Erde erkennen können. Die Augen eines Adlers sind größer als die eines erwachsenen Menschen und Adler können mindestens doppelt so gut sehen wie Menschen. Manche Forscher nehmen an, dass ein Adler sogar achtmal so scharf wie ein Mensch sieht.

Roter Piranha

KÖNNEN FISCHE RIECHEN?

Ja, das können sie. Haie und viele andere Fische finden ihre Beute durch den Geruch. Piranhas gehen in ganzen Schwärmen auf Jagd und fressen oft Tiere, die viel größer sind als sie selbst. Sie haben einen besonders ausgeprägten Geruchssinn. Ein Tropfen Blut von einem verletzten Tier reicht aus, um sie anzulocken. Lachse ziehen zur Eiablage die Flüsse hinauf bis an die Stelle, wo sie selbst zur Welt gekommen sind. Man nimmt an, dass sie ihren Weg mit Hilfe des Geruches finden.

IST EIN ZITTERAAL WIRKLICH ELEKTRISCH?

Der Zitteraal tötet seine Beute mit Stromschlägen. Der größte Teil seines Körpers besteht aus speziellen Muskeln, in denen elektrische Ladung aufgebaut wird. Gibt er dann die elektrische Ladung ins Wasser ab, werden seine Beutetiere wie Fische und Frösche gelähmt oder getötet. Zitteraale leben in den Flüssen Südamerikas.

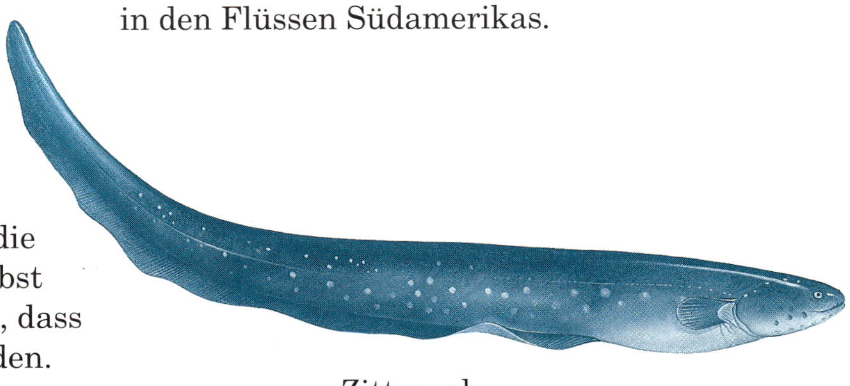

Zitteraal

SIND MAULWÜRFE WIRKLICH BLIND?

Maulwürfe haben zwar winzige Augen, aber sie können nicht sehr gut sehen. Wahrscheinlich können sie nur hell und dunkel unterscheiden. Maulwürfe verbringen den größten Teil ihres Lebens unter der Erde, wo es immer dunkel ist. Hier finden sie sich mit Hilfe ihres Tastsinnes gut zurecht. An der Nasenspitze haben sie unzählige kleine Tasthaare, mit denen sie jede Bewegung sofort wahrnehmen.

HABEN HUNDE DEN BESTEN GERUCHSSINN?

Die meisten Säugetiere haben einen besseren Geruchssinn als wir Menschen. Sie brauchen eine gute Nase, um Nahrung zu finden und um Gefahr rechtzeitig zu wittern. Am Geruch erkennen sie, ob sich ein Freund oder ein Feind nähert. Hunde haben einen besonders guten Geruchssinn, sie können mindestens 40mal besser riechen als wir Menschen.

Kiwi

KÖNNEN VÖGEL RIECHEN?

Die meisten Vögel haben keinen besonders guten Geruchssinn. Ausnahmen sind einige Geierarten, Sturmtaucher und Sturmschwalben. Auch der Kiwi, der in Neuseeland zu Hause ist und nicht fliegen kann, hat eine gute Nase. Die Nasenlöcher an der Spitze seines langen Schnabels helfen ihm, Würmer und Käfer einige Zentimeter tief unter der Erde zu finden.

Langohr-Fledermaus

HABEN FLEDERMÄUSE EIN GUTES GEHÖR?

Fledermäuse können in völliger Dunkelheit fliegen und Insekten fangen. Dabei hilft ihnen ihr gutes Gehör. Im Flug sendet eine Fledermaus spezielle Schallwellen aus, die von jedem Ding oder Tier in ihrem Weg zurückgeworfen werden, zum Beispiel auch von einer Motte. Mit ihren großen Ohren fängt die Fledermaus dieses Echo auf. So erfährt sie genau, wie groß die Beute ist und wo sie sich befindet.

KÖNNEN EULEN WIRKLICH IM DUNKLEN SEHEN?

Eulen haben große Augen, mit denen sie auch bei sehr wenig Licht gut sehen können. Das macht sie zu geschickten Nachtjägern. Außerdem können Eulen ihren Kopf einmal ganz herumdrehen und sehen, was genau hinter ihnen geschieht. In völliger Dunkelheit aber verlässt sich eine Eule auf ihr Gehör. Mit den Ohren fängt sie das leiseste Geräusch auf und erkennt sofort, aus welcher Richtung es kommt.

Fragen und Antworten über das Aussehen der Tiere

WELCHER VOGEL HAT DIE MEISTEN FEDERN?
Der Singschwan hat ungefähr 25.000 Federn, so viele hat kein anderer Vogel. Der Weißkopf-Seeadler, der mehr als halb so groß wie der Singschwan ist, hat nur 7.000 Federn. Vögel, die in kalten Gebieten leben, haben meist mehr Federn als Vögel aus warmen oder tropischen Gegenden. Der kleine Rubinkehlkolibri hat nur etwa 1.000 Federn.

WELCHES TIER HAT DIE LÄNGSTEN HÖRNER?
Kein Tier hat so lange Hörner wie der Wasserbüffel. Normalerweise werden die Hörner eines Wasserbüffels etwa einen Meter lang, aber es gibt auch Tiere mit zwei Meter langen Hörnern. In vielen Ländern der Welt werden Wasserbüffel in der Landwirtschaft eingesetzt.

WELCHER VOGEL HAT DEN LÄNGSTEN SCHWANZ?
Der männliche Arguspfau, der in Südostasien lebt, hat den längsten Schwanz im Vogelreich. Er ist eineinhalb Meter lang und 13 Zentimeter breit. In der Paarungszeit fächern die Männchen ihren Schwanz weit auf, um Weibchen auf sich aufmerksam zu machen.

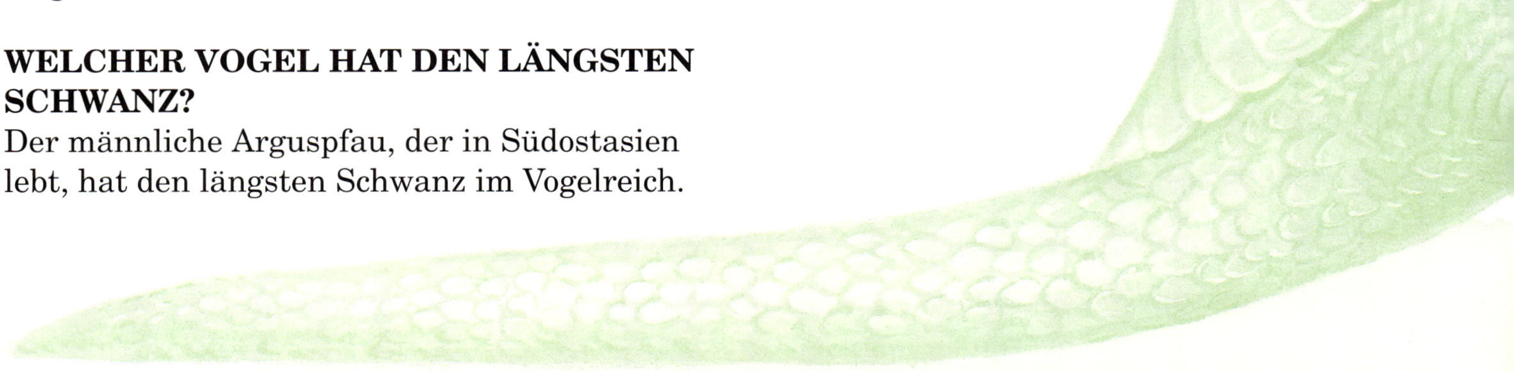

WELCHES TIER HAT DIE GRÖSSTEN KRALLEN?
Das Riesengürteltier hat größere Krallen als jedes andere Lebewesen. Seine mittlere Kralle wird fast 20 Zentimeter lang. Mit diesen Krallen wühlen Gürteltiere Termitenbauten auf, um die Termiten zu fressen. Gürteltiere ernähren sich auch von Ameisen und anderen kleinen Lebewesen.

WELCHES SÄUGETIER HAT DAS LÄNGSTE FELL?
Der Moschusochse hat ein besonders dickes Fell, das ihn in seiner arktischen Heimat vor der Kälte schützt. Die äußeren Haare seines Fells werden fast einen Meter lang und hängen bis auf die Erde herab.

WELCHES SÄUGETIER HAT DIE MEISTEN ZÄHNE?
Das Riesengürteltier hat etwa 100 Zähne, mehr als jedes andere Landsäugetier. Viele der Zähne fallen heraus, bevor das Riesengürteltier ausgewachsen ist. Unter den Meeressäugetieren haben einige Delfinarten mehr als 120 Zähne.

WORAUS BESTEHEN DIE FLÜGEL EINER FLEDERMAUS?

Die Flügel einer Fledermaus sind ganz anders als die eines Vogels. Sie bestehen aus feinen Muskelsträngen, die auf beiden Seiten mit Haut überzogen sind. Das Gerüst der Flügel bilden die überlangen Finger an den Vorderbeinen der Fledermäuse.

WELCHER VOGEL HAT DEN LÄNGSTEN SCHNABEL?

Der australische Pelikan hat den längsten Schnabel im Vogelreich. Er kann 45 Zentimeter lang werden. Am unteren Teil des Schnabels hängt ein großer Hautsack, den der Pelikan wie ein Fischernetz durch das Wasser zieht, um Beute zu fangen.

Riesen-Gürteltier

WELCHE SCHLANGE HAT DIE LÄNGSTEN GIFTZÄHNE?

Die Giftzähne der Gabunviper können bis zu fünf Zentimeter lang werden. Keine andere Schlange hat so lange Zähne. Unterhalb der Zähne liegt eine Drüse, in der das gefährliche Gift gebildet wird. Die Gabunviper lebt im afrikanischen Regenwald. Sie benutzt ihre Giftzähne, um Frösche und bodenbewohnende Vögel zu fangen.

WIE GROSS SIND DIE ZÄHNE EINES HAIS?

Die scharfen Zähne eines großen Weißen Hais sind etwa 8 Zentimeter lang. Ein Hai kann bis zu 3.000 Zähne haben, die in mehreren Reihen in seinem Maul sitzen. Die erste Reihe wird zum Töten von Beute und zum Fressen benutzt. Die restlichen Zähne dienen als Ersatz. Wenn die vorderen Zähne abgenutzt sind und ausfallen, rücken die Ersatzzähne nach.

WELCHES TIER HAT DIE GRÖSSTE SCHALE?

Die Schale der Mördermuschel kann mehr als einen Meter groß werden. Eine so große Schale hat kein anderes Lebewesen. Diese Riesenmuscheln leben im Indischen und Pazifischen Ozean. Sie ernähren sich von winzigen Pflanzen und Tieren, die im Meerwasser schwimmen.

Fragen und Antworten über Wohnungen und Nester der Tiere

Termiten

GIBT ES FISCHE, DIE NESTER BAUEN?
Die meisten Fische legen Eier und lassen sie einfach im Wasser treiben, bis die Jungen schlüpfen. Einige machen sich jedoch mehr Mühe. Bei den Gefleckten Lippfischen bauen Männchen und Weibchen gemeinsam ein Nest aus Seetang, das sie zwischen Steinen befestigen. Das Weibchen legt die Eier hinein, das Männchen bewacht das Gelege, bis die Jungen geschlüpft sind.
In Flüssen lebt der Labyrinthfisch. Das Männchen bläst ein Nest aus Luftblasen ins Wasser. Damit diese Blasen stabil sind, ist der Speichel des Fisches besonders zäh. Wenn das Weibchen Eier legt, treiben diese zur Wasseroberfläche in das luftige Nest empor.

WELCHES TIER GRÄBT DIE GRÖSSTEN HÖHLEN?
Präriehunde gehören zu den Nagetieren. Sie leben in großen Gruppen zusammen, die man Kolonien nennt. Ihre Bauten sind mit einem Netz aus Tunneln verbunden. Eine Präriehund-Stadt kann sich über eine Fläche erstrecken, die größer als 80 Fußballplätze ist.

Präriehund

WELCHE INSEKTEN BAUEN DIE GRÖSSTEN NESTER?
Termiten sind winzige Insekten, die in Staaten zusammenleben. Zu einem Staat können mehr als eine Million Tiere gehören. Sie bauen Nester, in denen der ganze Staat lebt. Manche Arten errichten runde Nester im Geäst von Bäumen, andere bauen turmförmige Nester auf der Erde. Solche Termitenbauten können sieben Meter hoch sein – höher als vier Erwachsene, die einander auf den Schultern stehen. Ein Teil des Nestes liegt unter der Erde. Hier leben die Termiten und versorgen ihre Jungen. Der obere Teil des Baus enthält viele „Schornsteine“, durch die das Nest belüftet wird.

WIE BAUT EINE ÄHRENMAUS IHR NEST?
Die winzige Ährenmaus befestigt ihr kunstvolles Nest an Getreidehalmen oder starken Grashalmen. Zuerst macht sie eine Art Plattform als Boden, indem sie immer einen Halm um den anderen wickelt. Dann sammelt sie weitere Grashalme und flicht daraus sorgfältig eine hohle Kugel. Innen polstert sie das Nest mit zerrupftem Gras aus. In dieser kleinen Höhle leben die Jungen etwa drei Wochen lang.

BAUEN ALLE VÖGEL IHRE NESTER IN BÄUMEN?
Nein. Viele Seevögel legen ihre Eier in Felsnischen oder in Mulden, die sie in den Boden scharren. Präriееulen graben Höhlen in den Boden, der Nordische Sturmtaucher nistet oft in alten Kaninchenbauten. Besonders ungewöhnlich verhält sich das australische Thermometer-Huhn. Anstatt auf seinen Eiern zu sitzen, häuft es einen kleinen Berg aus verrottenden Pflanzen auf und bedeckt sie mit sandigem Boden. Dann scharrt es eine Mulde in den Berg, legt seine Eier hinein und deckt wieder Erde darüber. Durch die Wärme dieses kleinen „Komposthaufens" werden die Eier ausgebrütet.

Thermometer-Huhn (oder Laubenwallnister)

WARUM BAUEN BIBER DÄMME?
Biber bauen aus Ästen und Zweigen Dämme durch fließende Gewässer. So entsteht ein Becken mit ruhigem Wasser. In diesem Staubecken leben sie und hier legen sie einen Nahrungsvorrat an. Mitten im Wasser errichten Biber ihren Bau. Er wird aus Ästen und Zweigen zusammengeflochten und von außen mit Schlamm abgedichtet. Im Dach lassen sie ein Luftloch, der Eingang zur Biberburg liegt unter Wasser.

Biber

Im Herbst sammeln die Biber viele Zweige, die sie in ihrer Unterwasser-Vorratskammer aufbewahren. So haben sie in den kalten Wintermonaten immer genug Rinde als Nahrung.

BAUEN REPTILIEN AUCH NESTER?
Am Meer lebende Schildkröten wie die Grüne Meeresschildkröte scharren Gruben, in die sie ihre Eier legen. Wenn eine weibliche Schildkröte Eier legen will, kriecht sie aus dem Wasser und schleppt sich auf den Strand. Mit den hinteren Flossen gräbt sie ein Loch und legt etwa 100 Eier hinein. Diese bedeckt sie mit Sand und kehrt ins Wasser zurück. Sind die Eier im heißen Sand ausgebrütet, machen sich die kleinen Schildkröten allein auf den Weg zum Wasser.

Fragen und Antworten über Tierkinder und -eltern

FÜTTERN ALLE VÖGEL IHRE JUNGEN?
Nein. Manche jungen Vögel können gleich nach dem Schlüpfen herumlaufen und nach Futter picken. Dazu gehören die Küken von Hühnern und Enten. Wie sie Nahrung finden, lernen sie, indem sie ihrer Mutter hinterherlaufen. Viele andere Vogeljunge schlüpfen hilflos aus dem Ei und müssen von den Eltern versorgt werden. Adler und Habichte jagen kleine Tiere, um ihre Jungen damit zu füttern. Rotkehlchen und andere Insektenfresser müssen bis zu 60mal am Tag losfliegen, um Futter für ihre hungrigen Jungen herbeizuschaffen.

Opossummaus

WELCHES SÄUGETIER HAT DIE KLEINSTEN JUNGEN?
Die Opossummaus, die in den Wäldern Süd- und Mittelamerikas lebt, bringt die kleinsten Jungen zur Welt. Eine erwachsene Opossummaus ist 7,5 bis 17,5 Zentimeter lang, ihre Jungen haben eine Länge von nur sechs Millimetern – nicht viel größer als ein Reiskorn. Die Kleinen halten sich am Bauch der Mutter fest, wenn diese durch den Wald streift.

Tigerpython

KÜMMERN SICH SCHLANGEN UM IHRE JUNGEN?
Die meisten Schlangen kümmern sich überhaupt nicht um ihre Eier oder ihre Jungen. Der Python jedoch windet seinen Körper um seine Eier, um sie zu schützen. Er kann sich sogar mit den Eiern bewegen, um sie morgens in die Sonne und mittags in den Schatten zu legen. Wenn die Jungen geschlüpft sind, beschützt die Mutter sie noch einige Zeit auf die gleiche Weise.

WELCHE SPINNE IST DIE BESTE MUTTER?
Die weibliche Wolfsspinne gehört zu den fürsorglichsten Müttern. Sie bewacht ihre Eier und wenn die Jungen geschlüpft sind, trägt sie sie auf ihrem Rücken. Manchmal muss eine Wolfsspinne mit 40 Jungen auf dem Rücken auf Nahrungssuche gehen. Die kleinen Spinnen bleiben bei der Mutter, bis sie groß genug sind, um selbst für sich zu sorgen.

WELCHES TIER HAT DIE LÄNGSTE SCHWANGERSCHAFT?

Eine Elefantenkuh trägt ihr Junges 22 Monate. Meist bekommt sie nur ein Junges zur Zeit, Elefantenzwillinge kommen äußerst selten vor. Ein neugeborenes Elefantenbaby wiegt etwa 110 Kilogramm, das ist fast so viel wie zwei erwachsene Menschen. Elefantenjunge leben mit ihren Müttern in großen Familien, zu denen auch ältere Geschwister und andere Elefantenkühe mit ihren Jungen gehören. Zwei Jahre lang werden Elefantenjunge von ihrer Mutter gesäugt.

Blattlaus

Indischer Elefant

WELCHES LEBEWESEN BEKOMMT DIE MEISTEN JUNGEN?

Insekten können in sehr kurzer Zeit sehr viel Nachwuchs haben. Aus einer Blattlaus, die an einer Pflanze sitzt, können an einem einzigen Nachmittag tausend werden. Eine Bienen- oder Termitenkönigin bringt in ihrem Stock Tausende von Jungen zur Welt. Unter den Säugetieren haben die kleinen Nagetiere wie Mäuse und Wühlmäuse die meisten Jungen. Wühlmäuse können fünf- bis sechsmal im Jahr sechs und mehr Junge werfen. Unter den Vögeln hält das Rebhuhn mit bis zu 19 auf einmal gelegten Eiern den Rekord.

WIE GROSS IST EIN PANDABABY?

Ein ausgewachsener Panda wiegt mehr als 112 Kilogramm – das ist fast doppelt so viel wie ein erwachsener Mensch. Neugeborene Pandas jedoch sind winzig und nicht schwerer als ein Apfel. Ein junger Panda wird von der Mutter gesäugt und wächst sehr schnell. Wenn er 20 Wochen alt ist, wiegt er mehr als das Zwanzigfache seines Geburtsgewichtes.

FÜTTERN FISCHE IHRE JUNGEN?

Ja. Männliche und weibliche Diskusfische lassen ihre Jungen von dem klebrigen Schleim fressen, mit dem die Körper der erwachsenen Tiere bedeckt sind. Ohne diesen Schleim würden die jungen Fische sterben, selbst wenn andere Nahrung vorhanden ist. Der Diskusfisch lebt in den Flüssen Südamerikas.

Fragen und Antworten über gefährliche Tiere

WELCHES IST DER GIFTIGSTE FISCH?
Der Kugelfisch ist der giftigste Fisch der Welt. Sein Herz, seine Leber und andere innere Organe enthalten ein sehr starkes Gift, das einen Menschen innerhalb von zwei Stunden töten kann. Obwohl Kugelfische so tödlich giftig sind, gelten sie in Japan als Delikatesse. Sie dürfen aber nur von Köchen zubereitet werden, die eine spezielle Ausbildung haben und die giftigen Organe sorgfältig entfernen.

GIBT ES GIFTIGE SÄUGETIERE?
Die einzigen Säugetiere, deren Biss giftig ist, finden sich unter den Spitzmäusen. Ihr Gift reicht aus, um einen Frosch in wenigen Sekunden zu töten. Ein anderes Säugetier, das Schnabeltier, hat an seinen Knöcheln kleine Sporen. Diese sind mit Giftdrüsen in seinen Beinen verbunden. Das Schnabeltier benutzt diese Sporen nicht, um Beutetiere lahmzulegen, sondern wenn es sich gegen Angreifer verteidigen will. Das Gift ist für den Menschen nicht tödlich, verursacht aber heftige Schmerzen.

WELCHES IST DER GEFÄHRLICHSTE HAI?
Der Weiße Hai gilt als der gefährlichste Räuber der Meere. Es ist bekannt, dass er auch Menschen angreift. Normalerweise ernähren sich diese großen Jäger aber von Fischen, auch von anderen kleineren Haien sowie von Seehunden und Delfinen.

HABEN SKORPIONE WIRKLICH EINEN STACHEL IM SCHWANZ?
Ja, Skorpione haben im Ende ihres Schwanzes einen Stachel. Mit dem Gift, das er enthält, lähmen sie kleine Beutetiere, ehe sie sie fressen. Der giftigste Skorpion ist in Nordafrika zu Hause. Sein Stich kann einen Menschen töten.

WELCHES IST DIE GEFÄHRLICHSTE QUALLE?
Die Seewespe genannte Würfelqualle gehört zu den gefährlichsten Meeresbewohnern. An ihren Tentakeln sitzen 40 Millionen Nesselzellen, die ein Gift enthalten, mit dem sie einen Menschen innerhalb von zwei bis drei Minuten töten kann.

WELCHES IST DIE GIFTIGSTE SCHLANGE?
Das Gift der Seeschlange, die im Pazifischen Ozean zu Hause ist, ist viel stärker als das Gift der gefährlichsten Schlange auf dem Land. Kobras und Klapperschlangen gehören zu den giftigsten Landschlangen. Ein Teelöffel vom Gift einer Kobra würde ausreichen, um 80 Menschen zu töten.

SIND ALLE SPINNEN GIFTIG?
Es gibt auf der Erde mehr als 35.000 verschiedene Spinnenarten, aber nur 30 von ihnen sind für den Menschen gefährlich. Zu den giftigsten Spinnen gehört die Schwarze Witwe. Diese Spinne lebt in Nordamerika und kann mit einem einzigen Biss einen Menschen töten. Auch das Gift der australischen Trichternetzspinne ist lebensgefährlich für den Menschen.

WELCHES IST DIE GEFÄHRLICHSTE GROSSKATZE?
Löwen, Tiger und andere Großkatzen gehen den Menschen meistens lieber aus dem Weg, solange sie nicht gestört werden oder sich bedroht fühlen. In der indischen Region Sundar Ban leben jedoch außergewöhnlich gefährliche Tiger. Man sagt, dass Tiger dieser Art zwischen 1975 und 1989 etwa 500 Menschen angefallen und getötet haben.

Kugelfisch

GIBT ES GIFTIGE VÖGEL?
Der Hauben-Pitohui lebt in den Urwäldern Neuguineas. Erst vor kurzem haben Wissenschaftler herausgefunden, dass er giftig ist. Federn, Haut und Fleisch dieses Vogels enthalten ein Gift, das stark genug ist, um Mäuse und Frösche zu töten. Beim Menschen verursacht es Benommenheit und Niesreiz.

WELCHES IST DIE GEFÄHRLICHSTE FLEDERMAUS?
Die meisten Fledermäuse sind für den Menschen nicht gefährlich. Nur die Vampirfledermaus, die in den Urwäldern Südamerikas zu Hause ist, beißt Kühe und andere Tiere und manchmal sogar Menschen, um sich von dem Blut zu ernähren. Durch den Biss kann diese Fledermaus die Tollwut, eine lebensgefährliche Krankheit, übertragen.

WELCHES IST DER GIFTIGSTE FROSCH?
Der gelbe Pfeilgiftfrosch ist der giftigste Frosch der Erde. Das Gift, das ein einziger Frosch in seiner Haut trägt, würde ausreichen, um mehr als 2.000 Menschen zu töten. Der Pfeilgiftfrosch ist im südamerikanischen Urwald zu Hause. Einige Eingeborenenstämme benutzen das Gift zur Jagd. Sie tauchen die Spitzen ihrer Pfeile hinein, bevor sie sie dann mit Bogen oder Blasrohr abschießen.

Fragen und Antworten über die Riesen der Tierwelt

WELCHES IST DAS GRÖSSTE KROKODIL?
Das größte und wahrscheinlich auch gefährlichste Krokodil ist das Salzwasserkrokodil, das bis zu sechs Meter lang werden kann. Es lebt in den Küsten- und Sumpfgebieten Asiens und Australiens. Es kann sehr lange Strecken schwimmen und kommt nur selten an Land.

WIE HEISST DIE GRÖSSTE ECHSE?
Mit etwa drei Meter Länge ist der Komodowaran die größte Echse der Erde. Er hat einen langen Schwanz, starke Beine und scharfe Krallen, mit denen er auch so große Tiere wie Rehe und Wildschweine erlegen kann. Die Heimat des Komodowarans ist Südostasien.

WELCHES IST DER GRÖSSTE FROSCH?
Der größte bekannte Frosch ist der seltene Goliath-Frosch, der in Afrika lebt. Er kann bis zu 36 Zentimeter lang und 3,5 Kilogramm schwer werden – etwa so wie eine kleine Hauskatze.

WELCHES IST DAS GRÖSSTE NAGETIER?
Die in Südamerika lebenden Wasserschweine sind die größten Nagetiere der Welt. Sie sehen aus wie riesige, langbeinige Meerschweinchen mit einem großen Kopf und einer etwas eckigen, abgeflachten Nase. Wasserschweine sind gute Schwimmer und sie verbringen einen großen Teil ihres Lebens im Wasser. Sie ernähren sich von Land- und Wasserpflanzen.

WIE GROSS IST DIE GRÖSSTE KRABBE?
In den Meeren um Japan lebt die größte Krabbe der Welt, die Riesenkrabbe. Ihr Körper wird etwa 45 Zentimeter lang, die Spannweite ihrer Beine kann mehr als 7,5 Meter betragen.

Salzwasserkrokodil

WIE HEISST DER GRÖSSTE BÄR?

Der Kodiak-Bär, der in Alaska lebt, ist die größte Bärenart der Welt. Die zu den Braunbären gehörenden Kodiak-Bären können 2,5 Meter groß und über 680 Kilogramm schwer werden – zehnmal so schwer wie ein erwachsener Mensch. Sie fangen Fische und andere Tiere, aber sie fressen auch Früchte, Nüsse und Wurzeln. Eisbären sind nur wenig kleiner. In ihrer arktischen Heimat jagen sie Seehunde, Fische und Vögel.

WELCHES IST DER GRÖSSTE SEEHUND?

In der Familie der Seehunde ist der See-Elefant der größte Vertreter. Das Männchen wird bis zu fünf Meter lang und kann über 4.000 Kilogramm schwer werden. Die Weibchen sind viel kleiner und leichter – etwa drei Meter lang und 900 Kilogramm schwer. Die Südlichen See-Elefanten leben in den Meeren der Antarktis und ernähren sich von Fischen und Tintenfischen. Die Nördlichen See-Elefanten gehören ebenfalls zu dieser Familie. Sie sind etwas kleiner und leben an der Westküste Nordamerikas.

WIE LANG IST DER LÄNGSTE REGENWURM?

Der längste Erdwurm, den man je gefunden hat, war mehr als sechs Meter lang. Er wurde im südlichen Afrika entdeckt.

WELCHES IST DER GRÖSSTE VOGEL?

Der Strauß ist der größte Vogel, er kann jedoch nicht fliegen. Der größte flugfähige Vogel ist die Großtrappe. Sie wird etwa einen Meter groß und 18 Kilogramm schwer. Großtrappen leben im südlichen Europa und in Asien, sie ernähren sich von Insekten und Körnern. Fast genauso groß ist die Kori-Trappe, die im Süden Afrikas lebt.

WELCHES IST DER GRÖSSTE SEEVOGEL?

Der Kaiserpinguin ist der größte Pinguin und zugleich der größte Seevogel. Er wird etwa 1,2 Meter groß und bis zu 40 Kilogramm schwer. Kaiserpinguine leben in der Antarktis und ernähren sich von Fischen und Tintenfischen. Kaiserpinguine brüten ihre Jungen unter sehr harten Bedingungen aus. Während des dunklen antarktischen Winters hält das Männchen das einzige Ei zwei Monate lang unter seinem Bauch auf dem Fußrücken warm. Während dieser Zeit frisst der Vogel nichts.

WIE HEISST DAS GRÖSSTE REH?

Der größte Verwandte der Rehe ist der Elch. Sein Körper wird etwa drei Meter lang, am Kopf hat er große, geweihähnliche Schaufeln. Elche ernähren sich von Pflanzen, manchmal waten sie auch ins Wasser, um Wasserpflanzen zu knabbern. Sie leben im Norden Amerikas, Europas und Asiens.

WELCHES IST DER GRÖSSTE AFFE?

Neben den Menschenaffen ist der afrikanische Mandrill einer der größten Affen. Er wird bis zu 90 Zentimeter groß. Der Brüllaffe, der im südamerikanischen Urwald zu Hause ist, hat einen etwas kleineren Körper. Sein Schwanz kann jedoch auch 90 Zentimeter lang werden.

Fragen und Antworten über die Essgewohnheiten der Tiere

WELCHES TIER IST DER ANSPRUCHSVOLLSTE ESSER?
Zu den wählerischsten Tieren gehört der Koala-Bär, der in Australien lebt. Er frisst nur die Blätter von 12 Eukalyptus-Arten, obwohl es in Australien über 100 verschiedene Arten von Eukalyptus-Bäumen gibt. Der Koala frisst jeden Tag etwa ein Kilogramm Blätter. Sein Körper ist auf diese Nahrung eingestellt, anderes Futter kann er nicht verdauen.

WIE VIEL FRISST EIN BLAUWAL?
Obwohl er so groß ist, ist der Blauwal kein gefährlicher Räuber. Er ernährt sich hauptsächlich von winzigen Krebstierchen, die wir Krill nennen. Er nimmt das Maul voll Meerwasser. Durch eine spezielle Filtereinrichtung, seine Barten, bleiben die Tierchen zurück, während das Wasser seitlich am Kopf wieder herausströmt. Am Tag braucht ein Wal etwa vier Tonnen Nahrung, das sind vier Millionen dieser winzigen Krebse.

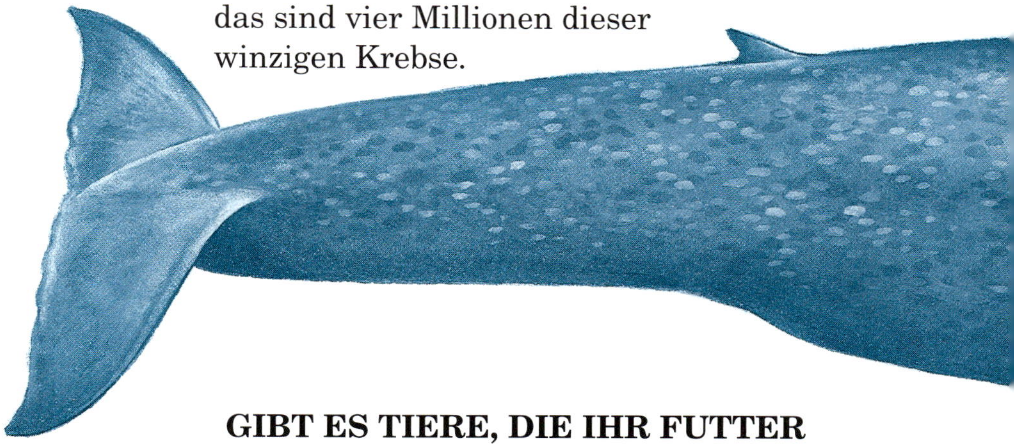

Koala

GIBT ES TIERE, DIE IHR FUTTER SELBST ANPFLANZEN?
Einige Termiten und Blattschneider-Ameisen tun das. Die Ameisen schneiden Stücke aus Blättern heraus und tragen sie in ihren Bau. Dort zerkauen sie die Blätter in ganz kleine Stücke und breiten sie aus. Auf dem Brei wachsen dann winzige Pilze, die die Ameisen fressen und mit denen sie ihre Brut füttern.

WIE GEFRÄSSIG IST EINE RAUPE?
Wenn eine Raupe schlüpft, beginnt sie zu fressen. Sie hört erst wieder auf, wenn sie sich einspinnt, um sich in einen Schmetterling zu verwandeln. In dieser Zeit wächst ihr Gewicht auf das 2.000fache, manchmal sogar auf das 3.000fache an. Das ist, als würde ein menschliches Baby auf das Gewicht von zwei Elefanten anwachsen.

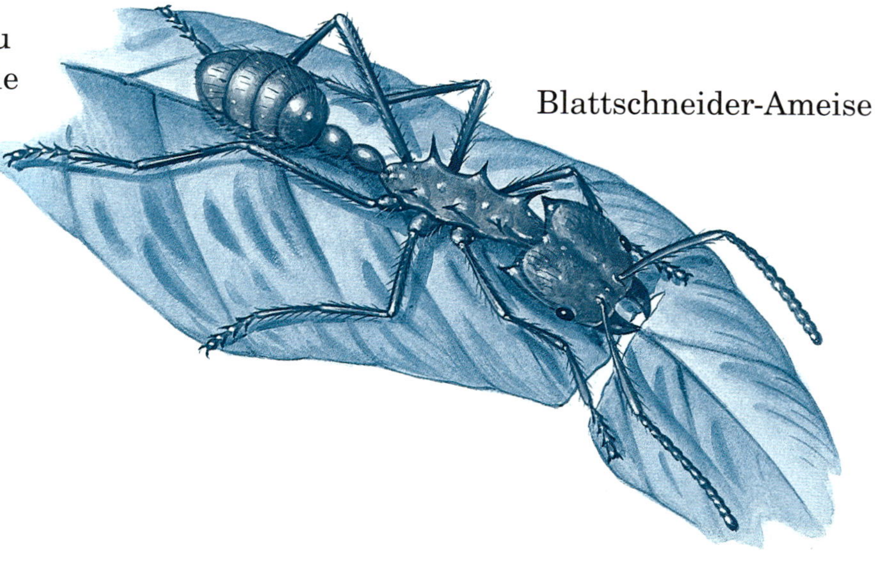

Blattschneider-Ameise

WIE DURSTIG IST EIN KAMEL?

Kamele leben in der Wüste und sind daran gewöhnt, dass sie manchmal lange Zeit ohne Wasser auskommen müssen. Sie können mehrere Monate überleben, ohne nur einmal zu trinken. Wenn ein Kamel aber an ein Wasserloch kommt, kann es bis zu 112 Liter Wasser in wenigen Minuten trinken. Kamele speichern das Wasser nicht in ihrem Höcker. Der Höcker besteht aus Fett. Er wird aufgebaut, wenn das Kamel reichlich Nahrung bekommt. In Zeiten, in denen das Kamel kein Futter findet, lebt es von seiner Fettreserve.

BENUTZEN TIERE WERKZEUGE?

Zu den wenigen Tieren, die Werkzeuge benutzen, gehört der Seeotter. Er frisst gern Muscheln und Seeigel, aber die harte Schale seiner Beute ist mit den Zähnen schwierig zu knacken. Wenn ein Seeotter nach Nahrung taucht, bringt er meist auch einen Stein vom Grund mit. Dann legt er sich auf den Rücken, hält den Stein fest und schlägt die Muschel oder Schnecke dagegen, bis die Schale zerbricht. Danach macht er sich über das weiche Fleisch im Inneren her.

Blauwal

WIE VIEL FRISST EIN KOLIBRI?

Kolibris ernähren sich von Nektar, einer zuckerhaltigen Flüssigkeit, die sie in Blüten finden. Die Kolibris fliegen an die Blüte heran und schlagen dann sehr schnell mit den Flügeln, so dass sie in der Luft zu stehen scheinen. Das kostet außerordentlich viel Kraft, darum müssen Kolibris tagsüber alle 10 bis 15 Minuten fressen. Wollte ein Mensch so viel Nährstoffe zu sich nehmen, müsste er am Tag 130 Laibe Brot oder 370 Kilogramm Kartoffeln essen.

FRESSEN AMEISENBÄREN WIRKLICH AMEISEN?

Diese seltsamen Tiere mit der langen Nase fressen tatsächlich große Mengen von Ameisen, Ameiseneiern und -larven. Sein besonders guter Geruchssinn hilft dem Ameisenbären dabei, die Ameisennester aufzuspüren. Er bricht mit seinen langen Krallen den Ameisenhaufen auseinander und leckt die Tiere mit seiner langen, klebrigen Zunge auf. Dazu kann ein Ameisenbär seine Zunge bis zu 60 Zentimeter weit herausstrecken.

Kolibri

Fragen und Antworten über das Verhalten der Tiere

WELCHES TIER SCHREIT AM LAUTESTEN?
Zu den lautesten Landtieren gehören die Brüllaffen. Die Männchen haben im Hals ein verstärktes Stimmorgan, das dem Schrei der Tiere eine Art Echo gibt. Brüllaffen benutzen ihren Schrei, um ihr Revier gegen andere Männchen abzugrenzen. Ihre Schreie kann man noch in 16 Kilometern Entfernung hören.

WIE FAUL IST EIN LÖWE?
Der gewaltige Löwe verbringt nur sehr wenig Zeit mit dem Jagen von Beute. Etwa 20 Stunden am Tag ruht er sich aus oder pflegt sein Fell. Löwen jagen meisten in den frühen Morgenstunden oder am späten Nachmittag.

WELCHES TIER TAUCHT AM TIEFSTEN?
Der Pottwal ist das Säugetier, das am tiefsten tauchen kann. Dieser gewaltige Wal taucht regelmäßig etwa 1.000 Meter tief, er kann aber auch Tiefen bis 3.000 Meter erreichen. In den Tiefen des Ozeans sucht er nach Riesenkraken und anderer Nahrung. Ein Pottwal kann etwa 45 Minuten lang unter Wasser bleiben. Dann muss er auftauchen, um Luft zu holen.
Auch der Weddell-Seehund gehört zu den guten Tauchern. Er lebt in den Gewässern der Antarktis und kann bis zu einer Stunde in 500 Meter Tiefe bleiben, ehe er zum Atmen wieder auftauchen muss.

SIND BIENEN WIRKLICH FLEISSIG?
Die Arbeiterbienen sind es auf jeden Fall. Bienen leben in großen Gruppen, die wir Staaten nennen. Jedem Staat steht eine Bienenkönigin vor. Sie legt alle Eier. Neben einigen männlichen Drohnen, die sich mit der Königin paaren, leben nur weibliche Arbeiterinnen im Staat, die wirklich alle Arbeit machen. Sie bauen das Nest und halten es sauber. Sie kümmern sich um die Jungen und bewachen den Bienenstaat. Vor allem aber sammeln die Arbeiterinnen Nektar und Blütenstaub, um Honig als Nahrungsvorrat zu machen. Eine Arbeiterin lebt nur etwa sechs bis acht Wochen und hat in dieser Zeit kaum einmal eine Pause.

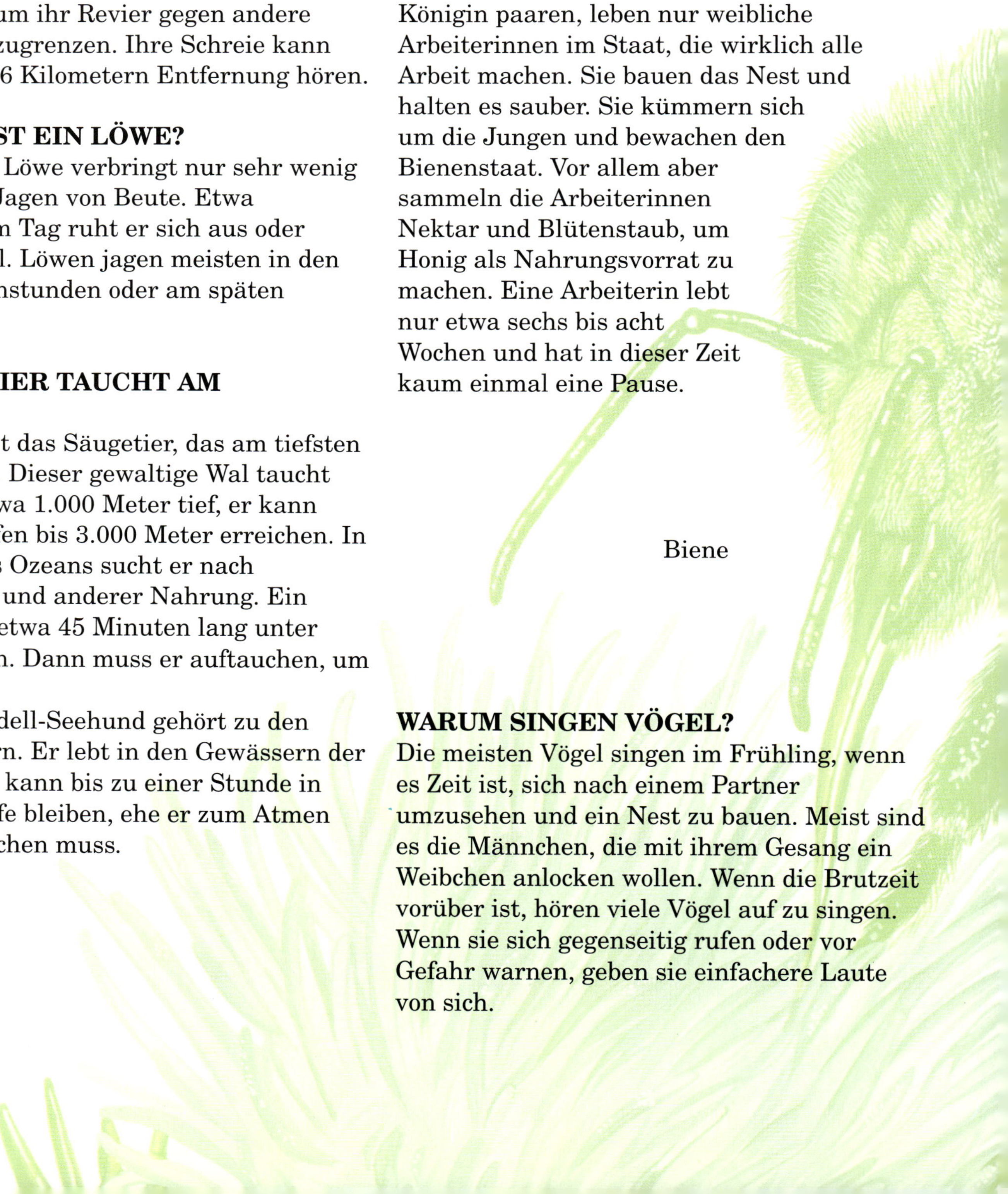

Biene

WARUM SINGEN VÖGEL?
Die meisten Vögel singen im Frühling, wenn es Zeit ist, sich nach einem Partner umzusehen und ein Nest zu bauen. Meist sind es die Männchen, die mit ihrem Gesang ein Weibchen anlocken wollen. Wenn die Brutzeit vorüber ist, hören viele Vögel auf zu singen. Wenn sie sich gegenseitig rufen oder vor Gefahr warnen, geben sie einfachere Laute von sich.

WELCHES TIER HÄLT DEN LÄNGSTEN WINTERSCHLAF?

Manche Tiere halten in der kalten Jahreszeit einen langen Winterschlaf. Während dieser Zeit verlangsamt sich der Herzschlag der Tiere und ihre Körpertemperatur sinkt ab. So spart der Organismus des Tieres viel Energie. Murmeltiere gehören zu den Langschläfern. Einige Murmeltierarten schlafen jedes Jahr sieben oder acht Monate lang.

WELCHES INSEKT MACHT DIE LAUTESTEN GERÄUSCHE?

Die lautesten Insekten sind die männlichen Zikaden. Selbst ein Mensch kann ihr Zirpen noch aus einer Entfernung von einem Kilometer hören. Die Tiere haben seitlich am Körper sogenannte Trommelorgane, die durch Muskeln bewegt werden und dabei klickende Geräusche erzeugen. Mit diesen Tönen wollen die Männchen weibliche Tiere anlocken.

WIE LANGE LEBT EIN TIER?

Das kommt ganz auf die Art an. Viele Insekten leben nur wenige Wochen lang, eine Riesenschildkröte dagegen kann 100 Jahre alt werden. Neben den Menschen ist der indische Elefant das Säugetier, das am längsten lebt: Er kann 70 Jahre alt werden. Kleine Säugetiere wie Mäuse und Spitzmäuse leben nur etwa 18 Monate lang.

WELCHES IST DAS STÄRKSTE TIER?

Jeder weiß, dass Elefanten sehr stark sind. Gemessen an ihrer Größe sind aber einige Käfer viel stärker. Der Nashornkäfer beispielsweise kann mehr als das 800fache seines eigenen Gewichtes auf seinem Rücken tragen. Ein Elefant dagegen kann nur etwa ein Viertel seines Körpergewichtes tragen.

SPIELEN TIERKINDER?

Viele junge Säugetiere, z. B. Katzen, Hunde und Affen, spielen gern. Bei Tieren, die ihre Nahrung jagen müssen, gehört das Spielen zur Erziehung. Erwachsene Löwen und Tiger bringen ihren Jungen manchmal ein verletztes Tier, an dem die Kleinen das Töten lernen können. Bei Kampfspielen mit den Brüdern und Schwestern lernen junge Raubtiere, wie sie angreifen und sich verteidigen müssen. Solche Fähigkeiten helfen ihnen beim Überleben, wenn sie einmal erwachsen sind.

Register